그만두기

시와반시 기획시인선 035
그만두기

펴낸날 | 2025년 10월 25일 초판 1쇄

지은이 | 최준렬
펴낸이 | 강현국
펴낸곳 | 도서출판 시와반시

등록 | 2011년 10월 21일 등록(제25100-2011-000034호)
주소 | 대구광역시 수성구 지산로 14길 83, 101-2408호
전화 | 053) 654-0027
전송 | 053) 622-0377
전자우편 | khguk92@hanmail.net

ISBN 978-89-8345-171-2   03810

*이 책 내용의 전부 또는 일부를 재사용하려면 반드시 저작권자와
 시와반시사 양측의 동의를 받아야 합니다.
*잘못 만들어진 책은 바꾸어 드립니다.

시와반시 기획시인선 035

그만두기

최준렬 시집

시와반시

| 차례 |

제1부

- 10 가시박
- 12 밤의 귀
- 14 선자령
- 16 겨울 산
- 19 비 오는 집
- 22 마음 들여다보기
- 24 면도
- 26 동지의 아침
- 28 민달팽이
- 30 Fall is coming
- 33 노인의 집
- 36 눈물점
- 38 깨어는 강
- 40 성애性愛

제2부

- 42 그만두기 1
- 44 그만두기 2
- 46 그만두기 3
- 48 그만두기 4
- 50 그만두기 5
- 52 그만두기 6
- 54 그만두기 7
- 57 그만두기 8
- 60 아버지
- 62 지구촌 학교
- 64 그리고 아무 말도 하지 않았다
- 66 소리 저장
- 69 나루터
- 70 초등 의대반
- 72 웨이브 파크

제3부

76 노숙자

78 자전거

82 가을 기도

84 안양천

86 우동집

88 소금방

90 비원秘苑의 아침

92 잔광殘光

95 역逆방향

98 남한강의 봄

100 봄의 나무

102 봄비

104 딸기

106 악惡의 손

제4부

110 봄 소풍
112 애완식물
114 세반고리관
116 독거노인 1
118 독거노인 2
119 귀향장歸鄕葬
122 눈꽃 먹기
125 눈 오는 날
126 출렁
128 비밀
132 MZ 직원
134 맛집
136 비 오는 밤
138 이별

해설

142 항산항심恒山恒心의 시학 | 전해수

제1부

가시박

목을 감아 숨통을 끊으려
먹잇감 올라타는 뱀의 비늘처럼

까끌한 덩굴손 뻗어
나무 친친 감아 오르는 가시박 넝쿨을
잡아당긴다

잡힌 먹이를 놓치지 않으려는
완강한 저항과
떼어 내려는 힘이 부딪혀 생긴
손바닥 상처에 피가 맺힌다

잠시 무시했다가 갑자기 세를 키워버린
별빛 꽃 왕관을 쓴 귀화식물의 영토
나를 조여온다

긴 줄기의 급소를 찾는다

뿌리 더듬어 푸르게 날 선 가위로
싹둑 몸통을 자른다

목 졸린 짐승 서서히 숨이 멎어가듯
가시박 시나브로 고사枯死된다

밤의 귀

어둠 속에서 눈을 감고 있으면
멀리서 기웃거리는
잠의 기척이 보이죠

모로 누워 귀를 모으면
사박사박 걸어오는 소리
다가오죠

가끔 숨어버리기도
왔던 곳으로 달아나기도 해요

침대는 돌아눕기 좋게 만들어졌지요

반대쪽으로 귀를 향하면
생쥐처럼 슬금슬금 다가오는 것들이

보이죠

우르르 달려와 잠옷을 물고
수면睡眠 속으로 풍덩 떨어뜨리면
물속처럼 고요해지는
밤

귀를 닫아요

선자령

순백의 옷을 입은 나무들 사이에
순수의 길이 있고

눈 덮인 나뭇가지 틈으로
동해와 손잡은
청청한 하늘이 걸려 있다

사라질 듯 나타나는 길
가끔씩
갈림길에 선다

몇 발짝 머뭇거려 보지만
실은
모두 정상으로 향하는 길

이내 결심이 선 듯 발을 옮기면
아무도 걷지 않은 설원은
새벽처럼 열린다

겨울나기를 위해
마을로 내려간 새의 집은
쌓인 눈에 묻혀 있고

사구를 만드는 사막의 바람처럼
높새바람은 백두대간 눈가루를
낮은 세상으로 날려 보낸다

거인의 팔처럼 돌고 있는 풍차 몇 개
줄지어 서서
눈 시린 선자령 바라보고 있다

겨울 산

눈이 와서 산으로 갔지

산은
항상 그 자리에 있으니까
꼼짝하지 않고 기다려 주니까
찾아가기 쉬워

눈꽃 이불 덮고
숨소리 고르게 잠자고 있는
산에 들어가면 소란을 피울 수 없어

뽀드득 소리 조심히 남기며
산속 깊이 들어가면
순결한 발자국 따라오지

우지끈 끊어진 설해목이 발을 막곤 해

무성한 잎들 털어내지 못한 소나무
습설의 무게 견뎌내지 못해 골절된 사지
아무렇게나 덜렁거리고 있지

어느 때는
무거운 눈 뭉치 푸드덕 포탄처럼 떨어뜨리지

나는 혼자 걷고
아무도 마주치지 않는
숲으로 숲으로 들어가면
겨울의 한가운데 도착하지

거기에는

무겁고 차가운 침묵의 침잠이 내려앉아 있어

너는 멀리 있고

비 오는 집

투둑투둑 툭
빗소리 들리는 집에
누워 있다

지붕을 두드리는 소리

토독토독 톡
창문에 부딪히는 소리

보이지 않고 들리는
비를 맞고 있는 집은
가난하다

천장이 낮은 숲속의 집
비 오는 소리

밤새 방 안으로 흘러내렸다

오선지의 음표처럼 떨어지는 빗소리를
어둠 속에서 바라보고 있다

불을 켜지 않고
잠들지 않고

귀와 마음을 열어 듣고 있으면
밤에도
내리는 비가 보인다

소리가 그려내는 분주한
비의 모습들

지붕과 조그만 창을 깨우는
빗방울의 운율이
마음에 울린다

홀로 비를 맞고 있는
집 한 채

눈을 감고 누워 있는
내가 보인다

마음 들여다보기

낮은 자세로 풀을 뽑는다

몸을 낮춰야 보이는 것들은
마음 안에도 있다

잔디밭에 풀썩 주저앉아
잡초 찾기에 열중하면
마음의 밭도 훤히 보이고

잠시 들여다보지 않으면
칠월의 풀처럼 무성해지는
마음속 잡념

실은 작은 화 하나 발아되어
분노로 자라고

마침내 으르렁거리는 괴물이 된다

모든 게 무상無常하다 무상하다
염불 외우며
퇴마사처럼 주술을 걸어도
좀처럼 물러서지 않는 울화

사제 서품식에서 새 신부神父는 몸을 낮춘다
엎드려 순명을 서약하는 신품성사
낮은 자세에서만 선명하게 걸어오는
그이를 만날 수 있다

뜨거운 한낮의 풀 뽑기
성찰과 보속의 오체투지다

면도

거울 앞 얼굴에 흰 눈이 내린다

금세 쌓이는 폭설
밤새 자란 수염을 뒤덮는다

역결을 따라 면도날을 밀어 올리면
마당을 쓰는 대빗자루 소리가 난다

새벽에
아버지가 쓸어 놓은 앞마당

모세의 기적처럼 갈라진 눈밭을 따라
국민학교에 가던 서늘한 아침

이 아침 거울에는

아버지가 아버지의 얼굴이
그 얼굴이 있다

동지의 아침

먼 남회귀선에서
운행 궤도를 바꾸느라
잠시 숨 고르는 태양

여명은 미적거리고
흰 눈이 쌓인 아침 강가로 간다

순결한 대지 위의
종종걸음 새 발자국 따라 걷는다

청둥오리 몇 마리 눈 위에 앉아
헤어졌던 철새를 기다리고 있다

회귀하지 않는 연어처럼
가뭇없던 고니 가족은

강을 굽어보는 하현달 아래 부지런한 날갯짓으로
동천에 우아한 파문을 남기며 남하한다

자진모리장단으로 흔들리는 갈색 머리
갈대는 차디찬 강물에 발을 담그고
살얼음을 흔들어 강을 깨운다

가장 긴 밤을 보낸 나는
시린 강물에 반사되어 떠오르는 햇살 속에서
새로 시작하기에는 이미 늦어버린
한 해를 물끄러미 바라본다

민달팽이

빚으로 지은 집에서 사네

내가 지은 집이지만
온전한 내 집은 아니네

매달 갚아야 하는 대출금과 이자
곶감처럼 빠져나가네

단단한 껍데기 없는 집
언제까지 내 집일까

집은 활짝 웃어 보지도 못하고
시들어 가네

더듬이 앞세우고 민달팽이 지나가네

연한 갈색 실루엣 걸치고 외출했네

점액선에서 짜낸 보습제 끈끈히 바르고
매미울음처럼 예리하게 쏟아지는 햇볕
아프게 맞으며 걸어가네

선크림 비집고 흐르는
땀과 눈물로 치장하는
나의 집

Fall is coming

종다리가 뿌리고 간
여름의 마지막 비

달궈진 도시를 소성塑性 시키듯
길바닥에서 푸식푸식 소리 내네

어젯밤에는 열린 창문으로
가을이 왔네

바람이 먼저 와
잠든 나에게 기척을 보내네

홑청을 끌어당기네

열대야 뒤끝처럼 남아 있는 잠

떠나보내려 커피를 내리네

원두를 익게 한 것도
고소하게 볶아내고 우려낸 것도
뜨거움이네

정신에 칼끝 들이대는 아이스 아메리카노
텀블러 속 쌓인 얼음탑 무너지며
북극해의 빙벽 허물어지는 소리 내네

이글거리는 태양 아래
해변에서 있었던 일
화인火印처럼 남아 있고

들끓던 마음

이제 쿨링시킬 시간이네

벚나무잎 하나둘
옷을 갈아입네

노인의 집

고요가 걸어 다닌다

고요한 집에는
고요밖에 없다

고요가
너무 고요해서 침대에 누우면
고요히 잠들고

고요한 꿈은
고요하고 너무 고요해서
아무런 고요도 남기지 못한다

고요가 살아 움직여서
고요로 가득찬 집

고요롭게 출렁거리지만

고요가 빛나게 빛나고 빛나지만
고요는 그저 고요일 뿐

소리 내지 않아서
더 고요한 고요의 심연을 만들고

고요는 고요해서
고요하다 울지 않고

고요는
고요 속에 빠지고

고요는 고요 위에

켜켜이 쌓이고 쌓여서
고요의 탑은 천장까지 자라고

고요는 오직 고요하기 위해서
존재할 뿐

고요의 울림이 가득가득한 집에
고요한 노인이
고요히 걸어 다닌다

눈물점

눈 밑에
점 하나 있었지

내가 슬프게 사는 것은
눈물 먹고 사는
점 때문이라고

어머니는 말했었지

눈물에 번지는 점
제거했으면 하는
어머니의 소원 풀어준 후

큰 슬픔이 사라졌어

어느 하루
작은 울음이 다가오면
거울 앞에 서서
사라진 점을 찾아봤지

돌아가신 어머니가 쳐다보듯이

기미처럼 서서히 돋아나는
자잘한 슬픔
점이 되지 않을까
자주 바라보곤 하지

깨어 있는 강

새벽 2시는
욕망을 넘어선 이성의 시간

커튼을 열어
어두운 북한강 바라본다

침묵의 수면睡眠
어디에도 물결 일지 않고
누워 있는 강

엉킨 수초 속을 유영하는
파닥거리는 사념의 지느러미 짓에 눈뜨고
명징한 별 하나 바라보는
강은 깨어 있다

정지停止를 모르는 본능
단전 호흡하며 다잡는 물길

강심의 빠른 맥박 다독이며
일어나 가부좌로 앉는
깊은 강

수종사 노승의 예불을
먼저 준비하고 있다

성애性愛

진도震度 7의 오르가즘은
얼마나 황홀할까

짐승 소리
입 밖으로 터져 나오고

등줄기와 머리카락에
비 오듯 흘러내리는
땀방울

쾌락과 방출의
격렬한 요동이 지나간 후
정화되어 찾아오는

여진과 충만

제2부

그만두기 1

그만해야 할 때 그만하고
그만두어야 할 때 그만두어야 했다

그만해야 할 때 그만하지 않고
그만두어야 할 때 그만두지 않아서
생기는 일이라는 게
얼마나 큰 낭패인지

그러나
그만해야 할 때가 그만두어야 할 때가
언제인지 안다는 것은
또 얼마나 어려운가

내가 누군가를 사랑한 적이 있고
누군가는 나를 멀리하고 싶어 할 때

그때 내 사랑을 그만두어야 했다

사랑이라는 이유로
종일 생각하고 집착하고 다가가는
허업虛業이란

그만해야 그만두어야
그게 사랑이라는 것을
늦가을이 되어서야 알았다

그만두기 2

애기단풍 하나
스산한 바람 건듯 지나가면
꼭 쥐었던 손 놓아버리고
느리게 하강한다

달려가 두 손으로 받아보지만
이미 추락한 잎새

나를 잊지 못해
병상에서 끝내 놓지 못하시던
어머니의 마른 손

슬그머니 손을 빼
집에 돌아온 나는

그날 밤
다급하게 걸려 온 전화에
서둘러 달려갔지만
힘없이 떨어뜨렸을 어머니 손
잡아주지 못했다

그만두기 3

상강霜降이 한참 지난날
가지대를 뽑는다

더는 꽃 피워내지 못하고
열매 키워내지 못하는 뿌리
완강히 땅을 붙잡고 있다

그만두어야 할 때를 알면서도
스스로 드러눕지 못하는 것들 가득한
채전菜田을 바라본다

떨어지지 않고 매달려 있는 열매들은
새벽녘 가로등처럼 애처롭다

무수한 생명 품어냈던
대지도 이제 쉬어야 할 때

나무들이 몸을 흔들어 잎을 떨구면
바람이 만드는 예리성曳履聲

흩어진 기별들을 쓸어 모은다

낙엽을 쓸고 있는 머리 위로
붉게 물든 나뭇잎은 지고
또 지고

고요한 저녁나절의 비질 소리가
하늘의 별들도 쓸어 모을 것이다

맹독을 입에 물고
겨울잠을 자러 가는 가을뱀을 따라
나도 긴 잠을 자러 가야겠다

그만두기 4

분만실을 닫고
수술실을 닫고
야간 당직을 그만두고
주말 당직을 그만둘 때마다
비어가는 공간과 시간 앞에서
작고 부분적인 은퇴식을 홀로 했다

속울음으로 고별하고 돌아서는 문 앞에
전역식의 홀가분함이 놓여 있었다

자발적 은퇴
그때를 알고 그만둔다는 것은
큰 떨림이자 슬픔이기도 했다

그건 실로 30년 넘는 습관을 일시에 단절하는
금연 같은 매정이기도 했다

개업식의 화려한 화환은
은퇴식 어디에도 없다

언젠가는 그만두어야 할 일
그만두지 못하고 추레해지는
하루하루의 남루란

그만둔다(Quitting)는 것은
그만두는 게 아니라 새로운 시작이라고
그만두어야 보이는 것들 많다고

오늘은
또 무엇을 그만둘까 찾아야 하는
숙제 가득한 하루

그만두기 5

운전을 그만두면
다른 세상이 열리지

신호등 주시하던 눈
다른 풍경 볼 수 있지

액셀러레이터 브레이크 페달 밟지 않아도 되는
느긋한 시간이 온전히 내게 오지

지하철에 앉아
핸드폰 열어 기별 전하고
독서하고 글 쓰는 시간 새로 생기지

출발역에서 도착역 사이
환승역이 있지

역으로 가는 길
환승하고 도착지까지 걸어가야 하는 시간은
직립의 시간이 되지

지하 세계에는 언덕이 있고
그 언덕을 오르내리며
신神들과 산책을 하지

눈도 비도 오지 않고
바람이 찾아오지 못하는
태양광이 비치지 않는 지하의 세계에서
하루 두어 시간 보내기도 하지

그만두면
덤으로 튼실한 하루를 얻지

그만두기 6

그만두지 않는 자에게
그만두라 소락떼기 지르러
차가운 광장에 갔다

그만두기 싫어도 그만두어야 했던
그만두기를 그만두고
열세 척의 배를 찾아갔던
충무공을 우러러 부끄러웠다

엊그제 같았던 그날도
촛불을 들고
물량난 여왕이 살던 청와대를 향했었던가

한없이 사랑해야 할 백성을
처단하려는 임금

언젠가는 마땅히 그만두어야 할 일
좀 더 일찍 그만두라고
그래야 모두가 살 수 있다고
외쳐대는 저 함성 들리지 않는 것일까

그만두지 않고 버티는 모습
장엄일까 추접일까

수천수만의 촛불은 횃불이 되고
녹두꽃 같은 함성 쏟아지고
마침내 황토현이 되는
2024년 서울

그만두기 7

마른풀 위에 내려앉은
겨울 햇살
눈 가득 담아 왔던 밤

깊은 잠을 잤다

잠들지 못할 때는
한 사람을 생각하고
그 사람의 마음을 생각하고
거기에
내 생각을 얹으면 자꾸 무거워졌다

생각이라는 것이
실은
너무 변덕스러워 헤아릴 수 없다

꼬리에 꼬리를 물고 떠오르는 생각들은
잠을 몰아내는
무용한 것

침대에 누워
생각을 그만두기로 했다

생각을 그만두겠다는
생각을 그만두고
그 생각도 그만두면
그만두어야 할 것들만
자꾸 떠오르는 생각들

이제는
환한 햇살과

가벼운 오리털 파카와
이불의 감촉을 탐닉한다

생각을 버리고 감각을 따라가면
어둠은
고요하고 부드럽고 따뜻하기까지 했고

나와 잠과 밤은
마침내 하나가 되었다

그만두기 8

사라지네
모든 것들 사라져 가네

봄꽃이 휘날리더니
순식간에 사라지고

염천에
붉은 꽃들 소리 없이 사라지네

가을은 온통 사라지는 계절

눈송이 바람에 날리다
가뭇없이 없어지고

겨울도 봄 앞에서

꼼짝없이 물러가네

너도 사라지고
나도
언젠가는 사라질 사람

그래서 모든 것들 소중하네

사라져야 하는 운명이어서
사랑은 빛나고

사라질 것 같아서
가슴 미어지는 슬픔들

언젠가는

다 그만두어야 할 것들

그래서
오늘이 그리고 생生이 소중하고
더 아름다운지 몰라

사라지기 전에
소멸되기 전에
마침내 그만두어야 하기 전에

우리
한 번이라도 더 손잡는 것
일부러 그만두지 말자

아버지

어깨 구부러진 네안데르탈인
돌도끼 대신 핸드폰 들고
인력시장에 가네

사냥감 담아 올
배낭 하나 달랑 메고 가네

모닥불로 부족들 불러 모으면
담뱃불로 새벽 인사
서로 나누네

아버지의 아버지를 따라나선
어린 아버지는 서툰 도끼질에
손가락 하나 잃었네

가난한 망태 짊어지고
반지하 움막집으로 돌아오던 아버지
복권 판매소에 들르네

다 같이 나눈 빈한한 사냥물
밥상에 올려놓으면
아이들 꾸역꾸역 모여드네

밥맛 잃은 아버지
몇 번 크게 하품하다
내일의 옹골진 사냥을 생각하며
고단하게 돌아눕네

지구촌 학교

줄지어 서 있는 깃대봉에는
여러 나라 국기들 무지개처럼 걸려 있다

손잡을 수 있는 거리
가끔씩 불어오는 바람에 펄럭이는 만국기들
서로의 얼굴에 스친다

아프리카와 아메리카
유럽 그리고 오세아니아 대륙에서 불어온 바람은
언어만큼이나 결이 다르게 섞인다

아시아 국가들의 민속 의상처럼
화려한 깃발 나부끼는 게양대 아래로
손잡은 아이들 등교하면

이국의 향신료 냄새와 전래 동화
떠나온 골목길의 추억들도 혼재되는 교실

알아들을 수 없는 이역異域의 인사말
아무렇지도 않게 알아듣는
지구촌의 아침이 시작된다

그리고 아무 말도 하지 않았다

강가에 있는 추모비

어느 여름날 물살에 휩쓸려 간
푸른 목숨 기억하는
정갈한 대리석

힘 있게 애끓는 청춘의 시詩가 새겨진
그리고 아무 말도 하지 않는 사람
지켜보는 큰 나무가 있다

나무는 작은 청동 종
두 개를 들고 서 있고
지나가는 나그네 이따금 종을 울려
잠자는 영혼을 깨운다

백발의 어머니와 딸은
나무 그늘에 추석 음식 펴놓고
앉아 있다

강바람이 스쳐 지나가는 수면
응시하는 눈이 자꾸 젖어간다

소리 저장

선루프를 열고 출근길을 달려요

이른 아침의 싱싱한 매미 소리가
통꽃으로 지는 능소화꽃처럼
뚜욱 뚝 차 안에 쌓이죠

햇볕이 닿기 전
떨어진 꽃잎은 살아 있는 것처럼 선연하죠

풋풋한 매미 소리 가득 차면
소리의 입구를 막고
후다닥 차 문을 닫으며 내리죠

날개 비벼대서 만든 음표들
여치처럼 푸드덕푸드덕 뛰어오르며

차 속은 온통 스테레오 사운드로 반향되죠

소리는 여러 가지 용기에 담을 수 있죠

친구가 USB에 담아 보내준
젊은 날의 노래는
퇴근길에 들을 수 있죠

지나간 사랑이 남긴 말도
마음 안에 저장되어 있다가
불현듯 소리를 내죠, 생생하게

LP판의 주름 속에
아니면 CD에 디지털 신호로 숨겨진
소리들은 언제든지 꺼내 들을 수 있죠

사랑한다는 말 채곡채곡 남겨 주고 돌아가신
어머니의 음성은
가끔 눈물로 재현되죠

찬찬한 목소리
눈물방울로 떨어지죠

어머니가 내 마음에 눈물을 떨어뜨리고 가셨다면
지금 어떤 소리로 재생될까요

나루터

추석날 아침
사내는 홀로 강가에 앉아 있다

나무를 타고 올라간 가시박이 만들어 준
녹색 파라솔 아래
정갈하게 앉아 강을 바라본다

여러 마을 거쳐 와도
동행 없이 흐르는 가을 강은
외롭다

떠나간 아내와
소식 뜸한 자식들이 아니 오는 집
새벽과 함께 나왔다

배와 뗏목이 더는 오지 않는 나루터를
남자는 오래 바라본다

초등 의대반

노란 학원 차들 차벽 만들어 에워싼
학원 건물에는
초등 의대반 플래카드 걸려 있다

나무 그늘에 모여 한담 즐기는
나이 든 기사들의 여유 부럽게 바라보는
나는 오늘도 지쳐 퇴근한다

의업醫業의 끝을 가늠해야 하는 나이

되어가지 않고 만들어지는 의사
아이의 미래를 기대하는 학부모 마음
헤아려본다
히포크라테스 선서와
검은 대륙으로 달려간 슈바이처의 봉사

민중의 아픔을 온몸으로 껴안은
체 게바라의 사랑

내 지난 날들 어떠했을까

가슴 뿌듯한 순간 몇 번 있었던가
의미 있는 직업이라 뻐긴 적 있었는지
존경받고 살았던가
행복했었던가

오늘의 놀이와 즐거움 유예한
초등 의대반
지금 미적분 문제 풀고 있을까

웨이브 파크

파도를 잡고 일어서는 법을 배운다

파도를 탄다는 것은
맞서지 않고 같이 간다는 의미
순풍에 돛을 펴는 이치

뒤돌아보고 있어야
타고 갈 파도 볼 수 있다

보드에 몸을 올리고
빠른 패들링으로 파도와 속도 얼추 맞추면
몸을 일으켜 세우며 잡는
물 위의 균형

천칭처럼 흔들리는 보드

주름이 펴지는 파도
물 위에서 흔들리는 나뭇잎

밀려오는 파도를 잡는 것은
순간의 일이다

물결과 하나 되는
몸의 웨이브

오늘 일정을 수첩에서 본다

하루하루가 파도타기다

제3부

노숙자

집 한 채 메고 가네

장롱 하나 들고
주방 살림 끌고
느리게 걸어가네

지하도를 비척거리며 걸어가는
남루

모자 깊이 눌러쓰고
밤마다 찾아가는
자리가 있네

한 평쯤 되는 국토
그만의 나라에는

누구의 간섭도 없는
자유가 있네

세금도 지원금도 거부하는
완강한 국경
아무도 침범하지 않네

불행을 생각하지 않는
무심한 얼굴

행복하네

자전거

물의 정원에서
마음 정원으로 가는 길
두 바퀴가 굴러가네

강을 거슬러 올라가는 잉어 비늘처럼
은빛 바큇살 반짝이네

로드용 자전거
휙 지나가면

이인용 자전거는
연인들의 웃음 싣고 가네

굴러 가는 봄바람도 함께 가네

뒤뚱거리는 세발자전거
젊은 엄마 아빠가 밀어주네

자전거는 자전거들 사이로 달리고
자전거와 자전거 사이로는
청명한 하늘이 흩어지네

사륜 자전거에는
아버지와 아버지의 아버지와
어린 아들이 타고 있네

아버지의 아버지가 그랬던 것처럼
아버지는 열심히 페달을 밟네

아버지의 튼실한 허벅지에 실려 가는

얼굴들 행복하네

아버지의 아버지에서 아버지로
또, 아버지에서 어린 아들로
둥그런 세월이 굴러 굴러가네

푸른 하늘 흰 구름이
잔잔한 북한강 위로 흘러가네

어머니는 어머니의 어머니와 딸을 싣고
천천히 구름 따라가네

어린 딸은 아이스크림 먹고 있네

굴러가는 것도 흘러가는 것이네

마음 정원에 도착하면
오래된 추억으로
흑백사진이 되네

가을 기도

가을에는 산을 보게 하소서

울창했던 숲이
가벼워지는 조락을 보게 하소서

밋밋했던 산들이 붉게 물들고
자작나무잎들이 아름답게 수놓는
큰 산을 보게 하소서

가을에는 강을 보게 하소서

금빛 옷으로 갈아입은
강가 은행나무를 보게 하소서

수면에 비친 제 모습
들여다보는 가을 나무를 보게 하소서

가을에는 마음을 들여다보게 하소서

무성했던 욕심들
하나둘 떨구는 마음의 뜨락
삭풍이 몰고 올 겨울을 준비하게 하소서

제멋대로 자란 가지들
전지가위로 다듬는 주말
분주했던 인연들도 잘라내게 하소서

낙엽을 긁어모아
가을 다비식을 하게 하소서

부산했던 생을 불사르고
정갈한 나목으로 홀로 서 있게 하소서

안양천

천川은 강江이 아니다

천 개의 천이 만나야 강이 되는 걸까
강에 없는 것들 가득한 천을 따라 걷는다

동지를 지나 한 뼘씩 길어지는 낮의 시간이
햇볕에 데워지는 물가에 앉아
마음 열어 서릿발 선 생각들
내다 말린다

그런다고
곧장 봄이 오는 건 아니다
몇 번의 눈보라와
쨍쨍한 빙하의 날들도 있을 것이다

걷는다
걷다 보면 몸이 펴지고
걷다 보면

마음도 찰랑거린다

안양천이 키워낸 물고기들 부산하고
물오리 가족은 모래톱에서
해바라기하는 아침

백로 한 마리 긴 다리로 서서 억새꽃 바라보고
동면하듯 고요한 풀들은
이따금 찬바람에 흔들린다

겨울이면 생각 깊어져
사념의 물빛 청청해지고
낮과 밤의 시간이
서로 양보하며 내어주는
오렌지빛 세밑에

나는 새해를 향해 걸어간다

우동집

새벽 용산역
따뜻한 냄새가 나네

멀리 떠나야 하는 사람들
몸 움츠리고 들어서네

홀로 앉아 조용히 우동을 젓는
마음에 온기溫氣가 도네

도착역은 흩어져 있네

예쁜 연인이 기다리는 플랫폼
파도가 일렁이는 겨울 바닷가
느티나무가 기다리는 눈 쌓인 고향 마을
쓸쓸한 시골 요양원

한 사람이 나가고
또 한 사람이 들어오네

소금방

체감 온도 영하 19도
피한避寒의 어둑한 찜질방

평일 대낮에
서걱거리는 소금방에 누워 있으면

겨울 강 얼음 갈라지는 소리
라디에이터에서
이따금 들리고

삐죽삐죽 비집고 나오는 땀
마음의 독소 조급함도
빠져나간다

시답잖은 대화 낮게 들려오고

그 말들은 염장(鹽醬)되지 못한 채
말라 없어지는
하나 마나 한 소리들이다

홍건히 빠져나오는 땀에서
삼투압을 본다

몸이 김장배추처럼 절여져
소금 자갈 위에 얹히면

꼬들꼬들해진 몸과
말쑥한 마음이 된다

비원秘苑의 아침

은빛 눈이 내리네

아침 햇살에 반짝이며
눈이 내리네

새들의 지저귐에 실려
가볍게 가볍게 내리네

미선나무 가지 위에
펄처럼 내려앉고

언 연못에 앞발을 담근
부용정 푸른 지붕에도
흰 눈이 쌓이네

효명세자의
책 읽는 소리에도 춤사위에도
눈이 나풀나풀 얹히네

잔광殘光

하나 둘 셋
찰칵

사진관에서 플래시가 터지고 나면
눈앞에 한동안 남아 있던 빛

빛의 여운

한 사람이 떠나고 나서도
지워지지 않는 잔상이 있다

폭죽이 터진 밤하늘에
화려하게 새겨진 불꽃
오래 남는 것처럼

망막 위에 남은 피사체

마음에도 오래 남아 있는
환한 얼굴이 있다

가끔씩
아니면 문득 떠오르거나 생각나면
들여다보는 사진첩
또는 편지

희미해졌거나 오래되었어도
어느 순간은
너무 선명하게 남아 있다

정작
너는 나에게
나는 또 누구의 마음속에
남아 있는지 모르고 살아가는

아쉽고 애달픈

사연

또는 사랑

역逆방향

순順방향 표가 없어
역방향 기차 좌석에 앉는다

젊었을 때는 멀미 나던 자리

지금은 뒤돌아 앉는 자리가 편하다

얼굴과 가슴으로 온통 밀려오는 풍경들
이제는 벅차다

다가오는 것들보다
멀어져 가는 풍경이 좋다

바다를 향해 흘러가는 강물 아슴아슴해지고
창으로 노을이 번진다

갈대들은 돌아앉아 사라지고
새들도 가뭇없이 흩어진다

등 뒤로 부딪혀 오는 것들은
그나마 견딜 수 있다

기차는 목적지를 향해 달리고
나는 등으로 밀고 들어간다

금세 떠나온 곳이 어른거린다

작아져 가는 야산과 마을들
남기고 온 작별 인사와
뒤돌아서 눈물 훔치던 모습이 서럽다

모든 것들은
등 뒤에서 나타났다가
철로 변 전봇대와 함께 밀려간다

그렇게
가슴으로 들어오지 못하고
스치듯 지나가 버리는 인연이
차라리 편안하고 소중한
나이가 되었다

남한강의 봄

유빙流氷은 뗏목
청둥오리 한 마리 그 위에 앉아
뱃사공 삿대 들어 올리듯
가끔 날개 저어보지만
그저 유희일 뿐

살갗을 바늘처럼 찔러대던 바람
한결 부드러워지고

쩌엉 쩡, 얼음 갈라지는 소리에
겨울잠 자던 동물들
서서히 심박수 올려 몸을 덥히는데

어느새
버드나무 줄기

연두색 물감 미세하게 빨아올리고

강변에선
까마귀 부리처럼 매서운
냉이 캐는 아낙의 호미질

봄의 나무

나무에 귀를 대고 있으면
수관水管으로 연녹빛 물감
쪼르륵 올라가고

가느다란 줄기에서
분무기처럼 연두색 뿜어내네

나무는 오늘도 바쁘네

겨우내 접어놓았던 푸른 잎들
가지에 매달고
꽃망울도 만드네

부산한 일개미들 오르내리며
일을 거드네

벌과 나비들은
집들이차 다녀가고

나무는
신혼방처럼 예뻐지네

봄비

창문을 열고
실비 내리는 정원 바라보면
비 냄새가 나요

천천히 코로 들이쉬면
스며드는
여러 가지 빛깔들

또옥 똑,
처마에서 떨어지는 빗방울에서
초록 냄새가 나네요

개나리 진달래 철쭉꽃 색깔도
배어 있지요

가만히 숨을 내쉬면
떨어지는 꽃잎들이 보여요

봄눈일까요

벚꽃 하나하나
진눈깨비 되어 내리죠

목련 아래에는
내린 빗방울들이 하얗게 쌓이네요

봄비에는
무지갯빛 내음이 섞여 있어요

딸기

막 딴 딸기를 사 와서 식탁에서 먹는다
한입 베어 물자 산딸기 맛이 난다

아파트 창문에서
갑자기 산꿩 우는 소리 들리고
집안 풍경은
온통 야산과 경사진 밭으로 바뀐다

소년은 굽어진 산길에 쪼그려 앉아 있다

책보를 메고 하교하던
허기진 십 리 길

풀 속에서 얼굴 내미는
빠알간 산딸기 나눠 먹던

친구는 미국으로 이민 갔다

앨라배마에서 가끔씩 기별 주던
친구는 요즘 뜸하다

노스텔지어

남부의 딸기를 먹으며
그도 나처럼
신 산딸기를 생각할까

타박타박 같이 걸었던
국민학교 4년간의 그 길을
그리워할까

악惡의 손

너는
네가 가장 사랑하던
햄스터 모가지를 비틀어 죽였다

축 처진 사체를 들고
희멀겋게 웃는
중학교 1학년 여학생

애착하던 것 살해하고
친구들 사이에서 아무렇지도 않게 웃는
너는

꺾어버릴
목숨 하나 또 찾고 있는지 모른다

마음 안에 악마가 살고 있다는
증거

그런 너를 네가 어찌할 수 없어 하듯
속수무책인 모두들

퇴마사를 부를까
굿판을 벌일까

수술실로 데려가
메스로 네 마음 크게 열어
암 덩어리 들어낼까

제4부

봄 소풍

부활절 아침
휠체어에 앉아 있는 부인
강가에 두고

늙은 남편은
렌즈가 커다란 카메라 힘겹게 들고
구도를 잡는다

아내가 바라보는 강가 풍경들을
따라가는 렌즈

풍경을 모으다가 분산시키는
빛의 기록

물오리 가족 모였다 흩어지고

원앙 한 쌍 고요히 떠 있는 수면

여자의 망막에 어리는 잔상
놓치지 않고 사진기에 담는
부드러운 셔터 소리

먼 강을 바라보며 나란히 앉아 있는
노부부 앞 소박한 음식
햇살에 졸고 있다

애완식물

늙어 외로우면
복슬한 털 쓸어주며
따뜻하게 안아 볼 강아지 한 마리
키우는 게 어떻겠냐고

친구가 말했다

가족들 뿔뿔이 흩어지면
쓸쓸히 어떻게 지낼 거냐며
노후 준비 지금부터 하는 게 좋겠다며

친구는 걱정해 주었다

몇 번을 생각하다
꽃과 나무를 정원에 심기로 했다

밥을 주지 않아도 되고

번거롭게 목욕시키지 않아도 되는
며칠 집을 비워도
혼자서 조용히 크고 꽃피우는
식물

햇볕이 키우고
구름과 바람과 비가 돌보고
대지가 먹이를 주는

꽃과 나무를 심었다

조용히 기다려 주고
앙앙거리지 않는
호들갑스럽게 달려들지 않는

아내 같은
꽃을 심었다

세반고리관

서해선 전철을 타고
김포공항역에 내린다

지하에서 몇 번을 오르내리고
좌와 우로
또 몇 번을 돌고 돌아
5호선 플랫폼에 서면
방향감각이 사라진다

오른쪽에서 와서 왼쪽으로 가야
분명 집에 가는 길인데
전철은 매번
반대쪽에서 와서 반대쪽으로 달린다

나침판을 꺼내 볼까

빙판처럼 미끄럽고 어질한 세상
그 하루를 산 탓일까

점프, 스핀, 스텝 시퀀스, 스파이럴

수만 번의 연습으로 무사히 착지하는
피겨 스케이터의 연기

그쯤 되어야
바로 설 수 있을까

목동역 4번 출구로 나오면
어김없이 집이 보인다

독거노인 1

시장통 입구에 앉아
햇볕을 쬐네

지나가는 사람들 바라보며
중얼거리네

너, 참 곱다
짐이 무겁겠네
세월은 금방이다

말을 잊지 않기 위해
혀가 굳을까 봐
기억이 사라지기 전에
되뇌는 혼잣말들

아무도 귀 기울이지 않는
반향 없는 독백

그냥
흩어져 사라지는
말
말들

먼지로 내려앉네

독거노인 2

누옥에 사는 노인
새벽에 일어나네

폐지를 느리게 줍고
힘들게 밀고 가는 손수레
남루를 입네

오늘 하루의 양식
무겁기만 하네

한 발짝 한 발짝 고된 발걸음에
운전하는 나도
보폭을 맞춰 뒤따라가네

귀향장歸鄕葬

생을 다해 작아진 몸
더 가벼워져 뼛가루가 되어 돌아오네

온기 남아 있는 유골함
유언의 길을 따라가네

신탁神託을 듣기 위해
어쩌다 한 번씩 들르던 누옥
오래된 신전처럼 위태롭게 서 있네

골목길에 들어서면
유년에 쏟아냈던 웃음소리 해동되어
망자를 반기네

너무 멀리 돌아서 왔네
아무것도 가져오지 못하고
가볍게 가볍게 왔네

객지를 떠돌던 세상살이
식솔 하나 거느리지 않고
생의 마지막을 기억하는
어느 한 사람 품에 안겨서 왔네

소 눈을 닮은 마을 처녀 만나
텃밭 가꾸며 살았다면
상처받지 않았을 마음

누더기가 되어
모질게 모질게 견디다
이제야 왔네

어두워지기 전에 도착해야 하는 집
일면식도 없는 마을 사람은
길가에 비켜서서 고개 숙여 예의를 표하네

고샅길 까르르 흩어졌던 풀잎들 위로
눈물방울 떨어뜨리고 가는 영혼
느리게 느리게 걸어가네

태胎를 묻었던 곳은 아무도 모르네

부서진 대문을 지나
숨바꼭질하던 집 한 바퀴 돌고
회색 가루 한 줌
화단 구석에 산분散粉하네

해마다 피던 꽃은
이제 더는 피지 않을 것이네

우주 하나가 끝이 났네
우주 하나가 사라졌네

눈꽃 먹기

모락모락 김이 나는 야외 온천에
몸을 담그고
끈끈이주걱처럼 입을 크게 벌리면 돼

목을 한껏 뒤로 젖히고
움직이지 말아야지

큰 눈송이 입에 담으려 쫓아가거나
혀를 내밀면
다 도망가 버리거든

입을 활짝 벌리고 있으면
눈꽃 빙수를 먹을 수 있지

고개 아프고 싫증 나면
용기 내서

눈밭으로 달려가 덜썩 드러누워

나신裸身의 뒷모습이 궁금했거든

석고가 굳으며 발열하는 뜨거움이 아니라
피부가 따가워지며 아려오면
벌떡 일어나 후다닥 온탕으로 뛰어들지

라이프캐스팅lifecasting

뒤태 주형을 바라봐
틀 안에 쌓이는 눈이 굳으면 꺼내 볼까

완만한 힙의 곡선
라인이 무너진 허리
미니어처 눈사람을 만들지

곁에 놓고 바라보다

세찬 바람에 미끄러져 뜨거운 물에 풍덩

구조하기도 전에

형체가 없어진 눈사람

시린 몸과 마음이 사라지듯

눈 오는 날

흰 눈에 누워 있다

침대의 하얀 시트가
눈밭으로 이어진
침실의 창가

눈 쌓인 나무에 앉은 까마귀 한 마리
가끔씩
분분히 내리는 눈송이를 흔들 뿐

아랫마을도
눈 속에서 자고 있다

아무도 움직이지 않는
눈 내리는 북한강가

출렁

겨우내 잘 다스려 온 마음
어젯밤 출렁거렸다

실체가 없는
마음이 만들어 낸 허상이라고
도리질하며 다독여 보지만

좀처럼 잠들지 않고 칭얼대던
근심 하나
온 밤을 흔들었다

방 안 가득 고여 있던
어둠이 흐느끼고

빈 나룻배처럼 일렁거리던 몸은

이내 멀미를 했다

수면제를 찾아가는 손은
길어지고

혈관을 떠돌던 화학 분자가
마침내 도달해
두뇌의 화를 끄던 밤

마음이라는 것도
영혼이라는 것도
인간이라는 것도

한 알 약으로 다스릴 수 있는
아주 하찮은 짐승에 지나지 않았다

비밀

기나긴 동절기 밤
새벽이 한참이나 남아 있는 시간에
잠을 깨우는 우울이
제 곁에 살아요

뒤척거릴 여유도 없이
아이스 아메리카노를 마신 것처럼
머리는 순간 명료해지죠

어두운 북한강을 찾아가요

쩌엉 쩡, 얼음 갈라지는 소리로
새벽강은 크게 울어요

오늘은 보는 것을 줄이고
귀 기울여 소리를 마음에 모으려 해요

보고 있으면 생각이 많아지고
그만큼 힘드니까요

시린 발 하나를 들어 날갯죽지에 감추고
외발로 선 황새 한 마리를
애써 외면하죠

가까이 가면
해바라기하던 물오리 차가운 물로 뛰어드는 소리
정말 미안해요

준비운동 없이
낮은 하늘로 몸을 들어 올리는
청둥오리의 날갯짓 소리는 무겁죠

까악까악 까마귀

산 너머 여명을 불러와요

얼굴과 두툼한 옷 위에 내려앉는
햇볕의 감촉을 애무처럼 즐기죠

신발로 전해져 오는 언 땅과
잠깐의 햇빛으로 몸을 녹인 흙길의 느낌도
남모르게 탐닉하죠

그렇게 걸어 걸어 가
두물머리 벤치에 앉아
팔당호 눈부신 수면 바라보고 있으면

간절히 기다리던
삼월이가
가장 사랑하는

삼월이가
물비늘 밟고 걸어오는 모습이
먼발치에서 보여요

그러면
심장은 주체할 수 없게 파닥거리고
마음속 어둠은 달아날 준비를 하죠

꽃피는 봄날
삼월이를 만나 춘정春情에 겨워
뜨겁게 뜨겁게 사랑하죠

그 질펀한 연애질을
샷되다 흉보지 말아 주세요

MZ 직원

멋진 차 몰고 와
퇴근하는 나
공주처럼 데려갈 남자여야지
뚜벅이는 안 돼요

마동 총각 무왕으로 만든
선화공주 이야길랑 하지 마세요

그저 동화일 뿐이죠

반지하에서 시작한 신혼
번듯한 아파트로
어느 세월에 입주하죠?

무슨 개고생인가요

나를
사랑하거나 데려갈 요량이면
집 한 채 너끈히 장만해 와야지

퇴근 시간 되기도 전에
옷 갈아입고
헤어롤 앞머리에 말고
화장을 고치는 젊은 직원들

이러다가 퇴근 문단속
내가 해야 하는 때
오지 않을까

맛집

아무렇게나 입고 가
몇 푼 식사비로
행복 만나고 오는 집

긴 줄 서서 기다리면
문득
한 여자를 기다리던
기차역 풍경 떠오른다

가난쯤이야 아무것도 아닌
풋풋했던 사랑

나를 떠나간 여인

철길 따라 핀 코스모스꽃 무리

기차가 흔들고 지나갈 때
주저앉아 울었던 이별

집을 사고
차를 장만하고
성공해야만 찾아오는
힘든 기쁨 말고

슬리퍼 끌고 가
오래 기다린 보람으로
달콤함 주는 집

그녀가 남기고 간
추억 하나 찾아가는
길

비 오는 밤

푸른 나뭇잎에
보름달처럼 앉아 있는 가로등
불빛 내리는 길

비가 내리고
내린 비는 잎새에 모여 몸집 키우다
뒤뚱 미끄러진다

북을 두드리듯 우산 위로 떨어지는
큰 물방울들

어둠 속에서 들리는 빗소리
발길로 차며 걷는다

저벅거리며 걸어가는 소리

축축이 젖어가고

앞서가는 사람 없고
뒤따라오는 이 없는
거리

정처 없는 생각 따라
홀로 걷는다

이별

너는 떠나고
나는 남아 있다

산그림자 길게 내려와
어깨에 손 얹어주고

숲으로 가는 길, 초승달은
산등성이에 걸어 놓은 해먹에 앉아
흔들리고 있다

나도 가야 했다

사랑도 끝이 있는 거라고
헤어짐은 기어코 찾아온다고
뻐꾸기 울고 있다

나도 너처럼 일어났어야 했다

네가 떠난 자리에
능소화 꽃잎 떨어지고
나는 멀미처럼 어지럽다

꽃이 진 자리
무심히 지나가는 한 줄기 바람

머무르지 않는 게 바람이라고
일순 섞였다가 흩어지는 거라고
머물러 있으면 없어지는 게
바람이라고

사랑도 그런 거라고

아픔은 남아 있는 자의 것

어두워지는 산이 쪼그려 앉아 기다리는 것은
별처럼 돋아나는 얼굴

자글자글한 그리움의 보폭으로
개구리 울어댄다

서로 다른 방식으로 끝내 해독하지 못한
사랑

해설

항산항심恒山恒心의 시학

전해수(문학평론가)

  최준렬의 이번 시집 『그만두기』는 생生의 이치를 찾아 관찰하는 항심恒心의 시편들이 눈길을 끈다. '항심'이라 하면 맹자의 항산항심恒山恒心에서 유래한 것인데, 항산이 항심을 지킨다는 의미로 처음 사용되었다. 물론 이 말은 생활을 유지할 수 있는 생업이 있을 때 도덕적 안정과 올바른 마음이 유지된다는 뜻이다. 그러나 항심을 달리 보면, 탈선이 없이 안정된 마음가짐으로 지속적인 정신세계를 추구하는 것이라 할 수 있다. 그렇다면, 최준렬 시인은 평생을 의사로 살면서도 마음의 자리에서 변함이 없는 시심詩心을 중요히 여기고 있기에, 그의 시편들을 항산항심恒山恒心의 시학으로 읽어도 그릇되지 않다.

낮은 자세로 풀을 뽑는다

몸을 낮춰야 보이는 것들은
마음 안에도 있다

잔디밭에 풀썩 주저앉아
잡초 찾기에 열중하면
마음의 밭도 훤히 보이고

잠시 들여다보지 않으면
칠월의 풀처럼 무성해지는
마음속 잡념

실은 작은 화 하나 발아되어
분노로 자라고
마침내 으르렁거리는 괴물이 된다

모든 게 무상無常하다 무상하다
염불 외우며
퇴마사처럼 주술을 걸어도

좀처럼 물러서지 않는 울화

사제 서품식에서 새 신부神父는 몸을 낮춘다
엎드려 순명을 서약하는 신품성사
낮은 자세에서만 선명하게 걸어오는
그이를 만날 수 있다

뜨거운 한낮의 풀뽑기
성찰과 보속의 오체투지다

       —「마음 들여다보기」 전문

 의사를 엔지니어 즉 기술자라 칭하진 않지만, 의료는 '전문기술'을 요하는 일임에는 틀림이 없다. 그런데 최준렬의 시에는 외형적인 그럴듯한 직종으로 경제적인 안정을 내세우거나 뽐내지 않고, 지극히 외적 태도에 반叛하는 정신세계를, 우선시한다는 점을 눈여겨 볼 수 있다.

 한 예로 위 시 「마음 들여다보기」는 한낮의 풀 뽑기를 통해 깨닫게 된 '성찰'을 다루고 있다. 시인은 잡초밭에 자세를 낮추고 주저앉아 풀을 뽑다 보면 쉽게 보이지 않던 '마음'이 보인다고 말한다. 이처럼 풀밭이

어느새 "마음의 밭"이 된다는 도저한 '발견의 자세'는 쉽게 얻어지는 것이 아니다. 시인은 잡초처럼 무성하게 자란 "잡념"들과 마주하게 된 것인데, 정작 그가 풀밭에서 뽑은 것은 일상생활에서 수시로 그를 억누르게 하던 "작은 화 하나 발아되어／ 분노"에 이르던 작은 경험에 의해서이다. 잠시라도 이처럼 초라한 삶의 자세들을 위무하지 않으면 금세 "칠월의 풀"처럼 무성하게 자라나던 그 상념들이, 몸을 낮추는 듯 선명하게 "성찰과 보속의 오체투지"를 드러내는 것이다. 최준렬 시인은 시 「마음 들여다보기」를 통해 "낮은 자세"의 가치를 새롭게 조명하고 있다.

    그만해야 할 때 그만하고
    그만두어야 할 때 그만두어야 했다

    그만해야 할 때 그만하지 않고
    그만두어야 할 때 그만두지 않아서
    생기는 일이라는 게
    얼마나 큰 낭패인지

    그러나

그만해야 할 때가 그만두어야 할 때가
언제인지 안다는 것은
또 얼마나 어려운가

내가 누군가를 사랑한 적이 있고
누군가는 나를 멀리하고 싶어 할 때
그때 내 사랑을 그만두어야 했다

사랑이라는 이유로
종일 생각하고 집착하고 다가가는
허업虛業이란

그만해야 그만두어야
그게 사랑이라는 것을
늦가을이 되어서야 알았다
　　　　　　　　　　—「그만두기 1」 전문

그런데, 최준렬의 이번 시집에서 가장 시선을 끄는 시편은 단연코 「그만두기」 연작시편들이다. 「그만두기」 연작시는 시집의 제목으로 안착된 주요한 시편들이기도 하지만, '그만둔다'라는 단어의 의미를 상기

하며 생의 무언가에 종속된 자신으로부터 벗어나려는 어떤 선언적인 요소를 '그만두기'로 끄집어낸다. 즉 최준렬의 시집 『그만두기』는 연작시편 「그만두기」를 통해 밝히려 한, 시인의 성찰적 자세가 '항심'으로 연결되는 시인의 대표적인 시편들이라 할 수 있다.

그 가운데 위 시 「그만두기 1」은 그 출발선에 있다. 마라토너가 출발 지점에 그어진 금을 발로 밟으며 툭툭 흙을 다지는 모습처럼, 시인은 위 시 「그만두기 1」을 통해 '그만둔다는 것의 의미'를 생성해 낸다. 이른바 위 시는 첫 연에서 토로한 시인의 정서가 "그만해야 할 때 그만하고/ 그만두어야 할 때 그만두어야" 했던 고백적인 깨달음으로 과감하게 표출된다. 요컨대 「그만두기 1」의 첫 번째 연은 '그만두기'를 선언함으로써, 시인이 말하고자 한 '그만둔다는 것'의 성찰적 시선을 주의 깊게 주지한다. 아울러 이 첫 번째 연은 마지막 연과 긴밀하게 연결된다. 그것은 사랑의 발견에 의해서 지속되고 지연된다. 이른바 「그만두기 1」에서 시인이 말하고자 한 '그만두는 일'의 의미는 "그만두어야 그게 사랑이라는 것"을 깨닫게 된 지점을 통해 마침내 시인이 발견한 자기성찰의 자세이다.

애기단풍 하나
스산한 바람 건듯 지나가면
꼭 쥐었던 손 놓아버리고
느리게 하강한다

달려가 두 손으로 받아보지만
이미 추락한 잎새

나를 잊지 못해
병상에서 끝내 놓지 못하시던
어머니의 마른 손

슬그머니 손을 빼
집에 돌아온 나는

그날 밤
다급하게 걸려 온 전화에
서둘러 달려갔지만
힘없이 떨어뜨렸을 어머니 손
잡아주지 못했다

—「그만두기 2」 전문

위 시 「그만두기 2」는 「그만두기 1」의 전언이었던 "그만두어야 그게 사랑"이라는 발견적 시선을 구체적으로 표명하고 있다. 위 시 「그만두기 2」에는 어머니의 죽음 앞에서 마주한 깊은 상실의 감정이 표출되어 있는데, "손을 놓아버린다"의 것의 의미가 생을 '그만둔' 어머니의 심정과 그것을 뒤늦게 깨닫게 된 화자의 '후회'와 연결되면서, 삶을 예기치 못하게 마감한 노모를 그리워한다.

어머니에 대한 기억과 그리움과 후회는 시 「소리 저장」에도 잘 드러난다. 최준렬 시인은 "사랑한다는 말 채곡채곡 남겨주고 돌아가신/ 어머니의 음성은/ 가끔 눈물로 재현"(이하 「소리 저장」에서 인용)된다고 고백한다. 그것은 "LP판"으로도 "CD"로도 재생될 수 없는 어머니의 목소리이다. 선루프를 열고 달리는 출근길에 들려오는 매미 소리도 "날개 비벼대며 만든 음표들/ 여치처럼 푸드덕푸드덕 뛰어오르며" "스테레오 사운드로 반향되"듯 모든 소리는 "여러 가지 용기에 담을 수 있"건만 어머니의 음성은 그렇지가 않다는 것이다. 화자는 어머니가 내 마음에 눈물을 떨어뜨리고 가신 일(죽음)을 기억하며, 어머니의 음성을 "눈물"(울음소리)로써 저장한다.

분만실을 닫고
수술실을 닫고
야간 당직을 그만두고
주말 당직을 그만둘 때마다
비어가는 공간과 시간 앞에서
작고 부분적인 은퇴식을 홀로 했다

속울음으로 고별하고 돌아서는 문 앞에
전역식의 홀가분함이 놓여 있었다

자발적 은퇴
그때를 알고 그만둔다는 것은
큰 떨림이자 슬픔이기도 했다

그건 실로 30년 넘는 습관을 일시에 단절하는
금연 같은 매정이기도 했다

개업식의 화려한 화환은
은퇴식 어디에도 없다

언젠가는 그만두어야 할 일

그만두지 못하고 추레해지는
하루하루의 남루란

그만둔다(Quitting)는 것은
그만두는 게 아니라 새로운 시작이라고
그만두어야 보이는 것들 많다고

오늘은
또 무엇을 그만둘까 찾아야 하는
숙제 가득한 하루

―「그만두기 4」 전문

한편으로 위 시 「그만두기 4」는 시인이 처한 직장 생활과 그 생활로부터 놓여나는 일을 선택하기 어려운 감정이 표출되어 있다. 그 가운데 "자발적 은퇴"는 시인의 고민을 잘 보여준다. 시간을 다 채우고 정년을 맞는 일이 아니라 그만둘 때를 알고 그만두는 것은 실로 두려운 일이다. "자발적 은퇴"를 고민하는 화자의 번민에는 "개업식"은 있되 "은퇴식"이 없는 생의 고단함을 깨달은 삶에 대한 쓸쓸한 마음이 적시되어 있다.

그러나 "언젠가는 그만두어야 할 일"을 앞당겨 "그만두는 게 아니라 새로운 시작"을 거행하는 두근거리는 일이 진정한 '은퇴'의 의미란 것을 화자는 상기한다. 그만큼 그만둔다는 것은 슬픔이기도 하지만 새로운 일상을 기대하는 떨림이란 것이다.

이외에도 시인은 "운전을 그만두"면 열리는 "튼실한 하루"(「그만두기 5」)를 예찬하기도 하며, "충무공"의 백의종군과 비교되는 어느 대통령의 "버티는 모습"을 안타깝게 여기기도 하며(「그만두기 6」), 복잡한 "생각을 그만두고/ 그 생각도 그만두면/ 그만두어야 할 것들만"(「그만두기 7」)이 환하게 떠올라 잠 못 이루는 밤을 내면의 시선으로 바라보기도 한다. 이처럼 「그만두기」 연작시편은 세상을 바라보는 시인의 마음결이 솔직하고 담백하게 드러나되 정갈한 시심의 깊이가 잘 어우러져 있다.

> 사라지네
> 모든 것들 사라져 가네
>
> 봄꽃이 휘날리더니
> 순식간에 사라지고

염천에
붉은 꽃들 소리 없이 사라지네

가을은 온통 사라지는 계절

눈송이 바람에 날리다
가뭇없이 없어지고

겨울도 봄 앞에서
꼼짝없이 물러가네

너도 사라지고
나도
언젠가는 사라질 사람

그래서 모든 것들 소중하네

사라져야 하는 운명이어서
사랑은 빛나고

사라질 것 같아서

가슴 미어지는 슬픔들

언젠가는
다 그만두어야 할 것들

그래서
오늘이 그리고 생生이 소중하고
더 아름다운지 몰라

사라지기 전에
소멸되기 전에
마침내 그만두어야 하기 전에

우리
한 번이라도 더 손잡는 것
일부러 그만두지 말자

―「그만두기 8」 전문

  그런데, 최준렬 시인은 「그만두기」 시편의 마지막 시인 「그만두기 8」에서 '그만두지 말아야 할 것'에 대해 뒤돌아본다. 그것은 생의 아름다움을 전제한 메

시지를 통해 "사라지기 전에/ 소멸되기 전에/ 마침내 그만두어야 하기 전에// 우리 한 번이라도 더 손잡는 것"을 바라면서 이것만은 결코 그만두지 말자는 다짐과 권유를 하고 있다. 그러므로 진정 그만두기와 그만두지 않기 사이에서 다음의 시는 매우 의미는 시로 읽힌다.

순백의 옷을 입은 나무들 사이에
순수의 길이 있고

눈 덮인 나뭇가지 틈으로
동해와 손잡은
청청한 하늘이 걸려 있다

사라질 듯 나타나는 길
가끔씩
갈림길에 선다

몇 발짝 머뭇거려 보지만
실은
모두 정상으로 향하는 길

이내 결심이 선 듯 발을 옮기면
아무도 걷지 않은 설원은
새벽처럼 열린다

겨울나기를 위해
마을로 내려간 새의 집은
쌓인 눈에 묻혀 있고

사구를 만드는 사막의 바람처럼
높새바람은 백두대간 눈가루를
낮은 세상으로 날려 보낸다

거인의 팔처럼 돌고 있는 풍차 몇 개
줄지어 서서
눈 시린 선자령 바라보고 있다

―「선자령」 전문

 '선자령'은 시인의 눈에는 두 세계를 잇는 대상이다. 머물러야 할 세계와 떠나야 할 세계의 중간 즈음에 서서 선자령은 때로 "순백의 옷을 입은 나무들 사이에 순수의 길"로 서 있고, 때로 "사라질 듯 나타나는 갈림길"을 열기도 하는데, 그 길은 "몇 발짝 머뭇거려 보지만/ 실은/ 모두 정상으로 향하는 길"임을 깨닫는다. 하여 '선자령'은 그만두지 않으려는 세상과 그만두려는 세상이 모두 한 가지로 엮어져 있다는 듯이 "백두대간 눈가루를/ 낮은 세상으로 날려보"낸다.

    목을 감아 숨통을 끊으려
    먹잇감 올라타는 뱀의 비늘처럼

    까끌한 덩굴손 뻗어
    나무 친친 감아 오르는 가시박 넝쿨을
    잡아당긴다

    잡힌 먹이를 놓치지 않으려는
    완강한 저항과
    떼어 내려는 힘이 부딪혀 생긴
    손바닥 상처에 피가 맺힌다

    잠시 무시했다가 갑자기 세를 키워버린
    별빛 꽃 왕관을 쓴 귀화식물의 영토

나를 조여온다

긴 줄기의 급소를 찾는다

뿌리 더듬어 푸르게 날 선 가위로
싹둑 몸통을 자른다

목 졸린 짐승 서서히 숨이 멎어가듯
가시박 시나브로 고사枯死된다

—「가시박」전문

위 시「가시박」은 이번 시집을 여는 첫 번째 시이다. 보통 시집의 첫 시는 시인의 서시로 읽히기도 한다. 이번 시집의 맨 앞자리를 차지한「가시박」은 매우 상징적인 시로 여겨진다. "가시박"은 황무지에서 살아남는 질긴 생명력을 지닌 것으로 알려져 있다. 그런데 최준렬 시인은 "가시박"이 지닌 생명성의 위태로움과 죽음에 이르는 과정을 주시하고 있다. 남다른 시선이다.

가시박은 한해살이 넝쿨식물인데, 본래 가시박 덩굴로 불리는 식물이다. 가시박은 잎이 어긋나며 털이 있다. 열매는 여러 개가 모여 송이를 이루고, 겉에는 긴 가시가 드러나 있다. 가시박이라 불리는 이유이다.

주지하듯 열매에 온통 가시가 뒤덮은 가시박을 시인은 고사枯死되는 순간까지 추적하고 있다. 그런데 특이점을 지닌 하나의 생명(가시박)이 "서서히 숨이 멎어가"는 것은 일종의 "그만두기"와 다르지 않은 것이다. 다시 말해 최준렬 시인은 생의 이치를 찾아 관찰하는 항심의 시편들을 통해 '그만두기'라는 마음의 자세와 이를 실천하는 항산항심의 시학을 잘 보여주고 있다.